ΞΕΠΕΡΝΩΝΤΑΣ ΤΗΝ ΑΠΙΣΤΙΑ

Ανάκτηση της αυτοπεποίθησης και της εμπιστοσύνης στη σχέση σας μετά την απιστία

ΞΕΠΕΡΝΩΝΤΑΣ ΤΗΝ ΑΠΙΣΤΙΑ

Ανάκτηση της αυτοπεποίθησης και της εμπιστοσύνης στη σχέση σας μετά την απιστία

γραμμένο από Sophie Mévisse
μεταφρασμένο από Lina Sideris

50MINUTES.com

ΞΕΠΕΡΝΩΝΤΑΣ ΤΗΝ ΑΠΙΣΤΙΑ

ΑΝΑΖΩΠΥΡΩΣΗ ΤΗΣ ΑΥΤΟΠΕΠΟΙΘΗΣΗΣ ΚΑΙ ΤΗΣ ΕΜΠΙΣΤΟΣΥΝΗΣ ΣΤΗ ΣΧΕΣΗ ΣΑΣ ΜΕΤΑ ΤΗΝ ΑΠΙΣΤΙΑ

- **Προβληματικό;** Η απιστία είναι μια οδυνηρή εμπειρία που κλονίζει έντονα το ζευγάρι. Το άτομο που προδίδεται χάνει την εμπιστοσύνη στο σύντροφό του και συχνά χάνει και την εμπιστοσύνη στον εαυτό του. Η αγωνία είναι μερικές φορές τόσο έντονη που καταστρέφει την ελπίδα να ζήσει κανείς σε μια σχέση όπου η πίστη είναι σεβαστή. Πώς να ξεπεράσετε μια τέτοια δοκιμασία;

- **Ποιοι είναι οι στόχοι;** Ο κύριος στόχος είναι να ξεπεράσετε την εμπειρία της απιστίας και να βρείτε σημεία αναφοράς που μπορούν να σας βοηθήσουν σε αυτή την επώδυνη διαδικασία. Αυτό περιλαμβάνει την καλύτερη κατανόηση των αιτιών της απιστίας του συντρόφου σας και την εκμάθηση του τρόπου διαχείρισης των συναισθημάτων που σας κατακλύζουν όταν ανακαλύπτετε την προδοσία, ώστε να μπορέσετε στη συνέχεια να ξεκινήσετε μια διαδικασία λήψης αποφάσεων για τη σχέση σας.

- **ΣΥΧΝΕΣ ΕΡΩΤΗΣΕΙΣ**

  - Εγώ φταίω που ο σύντροφός μου ήταν άπιστος;

  - Πρέπει να ζητήσω από τον σύντροφό μου να μου πει αμέσως τις συνθήκες της απιστίας;

- Ο σύντροφός μου δεν έχει πρόβλημα σεξουαλικού εθισμού;

- Τι μπορώ εγώ και ο άπιστος σύντροφός μου να κάνουμε συγκεκριμένα για να ξαναχτίσουμε τη σχέση μας;

- Είμαι τόσο θυμωμένη με την απιστία του συντρόφου μου που θέλω να έχω πρόσβαση στο κινητό του τηλέφωνο, στα μηνύματα ηλεκτρονικού ταχυδρομείου και στους ιστότοπους κοινωνικής δικτύωσης, είναι αυτό λογικό;

- Πώς ξέρω αν πρέπει να αφήσω τον σύντροφό μου ή να μείνω μαζί του/της;

- Πρέπει να μιλάμε γι' αυτό με τα παιδιά και πώς;

> *"Αναρωτιέσαι γιατί, τι έκανα λάθος, τι θα μπορούσα να έχω κάνει για να το αξίζω αυτό, αναρωτιέσαι ποιος ήταν αυτό το άλλο αγόρι, αν ήξερε ότι είχαμε σχέση [...] Ανάγκη να ξεφύγεις, να το σκάσεις, να περιποιηθείς τον πόνο σου μακριά από τον άλλο, να μην τον ακούσεις για λίγο". (Erwan, 30)*

Η απιστία δεν συμβαίνει πάντα στους άλλους... Μπορεί να συμβεί χωρίς προειδοποίηση και χωρίς να ξέρετε πώς να την αντιμετωπίσετε, πώς να ξεπεράσετε τον πόνο και την αναστάτωση που προκαλεί. Σε αυτόν τον οδηγό, θα συζητήσουμε τις αιτίες της απιστίας, αλλά και τα συγκεκριμένα μέσα που πρέπει να εφαρμοστούν για να ξαναχτίσουμε τον εαυτό μας, καθώς και για να δώσουμε (ή όχι) μια ευκαιρία στο ζευγάρι μας.

> *"Από τα 17 έως τα 22 μου, ήμουν με το ίδιο κορί-τσι, ήταν η πρώτη μου αγάπη. [...] Ήταν στο δεύ-τερο έτος στο πανεπιστήμιο, όταν μια φίλη της μου είπε ότι δεν ήταν ειλικρινής μαζί μου και ότι έβλεπε άλλους άντρες. Δεν μπορούσα να την πιστέψω, η κοπέλα μου ήταν ένα κορίτσι με αυτοπεποίθηση, πιστό και ευαίσθητο, ή τουλά-χιστον έτσι νόμιζα. Την αντιμετώπισα, το αρνή-θηκε [...]. Το χειρότερο είναι ότι πίστεψα αυτά που είπε. Λίγο περισσότερο από ένα χρόνο αργότερα, η αλήθεια αποκαλύφθηκε. [Στη συνέ-χεια μου παραδέχτηκε ότι υπήρχε ένας άλλος άντρας με τον οποίο έβγαινε και ότι επρόκειτο να είναι στο πάρτι. Ήταν πραγματικά μια σκληρή απογοήτευση, ήταν δύσκολο για μένα να το δεχτώ."(Jeremy, 32)*

Η απιστία, όταν αποκαλύπτεται, είναι πάντα σκληρή χωρίς όρια: κονιορτοποιεί τον ιερό τόπο που ήταν η ερωτική σχέση, γκρεμίζει την εμπιστοσύνη και εγείρει εξαιρετικά επώδυνα ερωτήματα. Μαζί, θα προσπαθήσουμε να κατανοήσουμε τι είναι πραγματικά η απιστία, τι μπορεί δυστυχώς να οδηγήσει ένα ζευγάρι να την βιώσει μια μέρα, και πάνω απ' όλα, πώς να ξεπεράσει αυτή τη δοκιμασία, αποκαθιστώντας τη χαμένη εμπιστοσύνη.

ΑΠΙΣΤΙΑ: ΜΙΑ ΥΠΟΚΕΙΜΕΝΙΚΗ ΕΝΝΟΙΑ

ΤΙ ΣΗΜΑΙΝΕΙ ΝΑ ΕΙΣΑΙ ΑΠΙΣΤΟΣ;

Ανάλογα με το άτομο, η απιστία ξεκινά με ένα υπερβολικά ενδιαφέρον χαμόγελο, μια νυχτερινή κουβέντα με έναν συνάδελφο, ένα υπερβολικά έντονο ενδιαφέρον για ένα άλλο άτομο, ένα φιλί, μια βραδινή έξοδο με ένα άλλο άτομο, ένα πορνογραφικό βίντεο που παρακολουθεί κάποιος κ.λπ. Η έννοια της απιστίας είναι επομένως υποκειμενική. Μπορεί ακόμη και για το ίδιο άτομο να διαφέρει ανάλογα με τους συντρόφους του/της με την πάροδο του χρόνου! Παρ' όλα αυτά, φαίνεται να υπάρχει μια συναίνεση: για τους περισσότερους ανθρώπους, η απιστία είναι μια παραβίαση της σεξουαλικής και ερωτικής αποκλειστικότητας.

Για να γίνει μια καλή αρχή, είναι πάντα χρήσιμο να επικοινωνείτε για τις προσδοκίες του άλλου σχετικά με την πίστη, από την αρχή της σχέσης. Ακόμη και αν δεν φαίνεται προφανές, μια τέτοια συζήτηση επιτρέπει καταρχάς να αποσαφηνιστούν οι προσδοκίες του καθενός όσον αφορά την πίστη, αλλά και να αποφευχθεί το ενδεχόμενο ο σύντροφος, αν είναι ανέντιμος, να πει "δεν το ήξερε".

> *"Απιστία είναι όταν δεν σεβόμαστε τα όρια του συντρόφου μας όσον αφορά τα συναισθήματα που μπορεί να έχουμε, τις σωματικές πράξεις ή*

Θα πρέπει επίσης να σημειωθεί ότι, ως θέμα αρχής, οι ρομαντικές σχέσεις είναι μονογαμικές, είναι σιωπηρά αποκλειστικές. Ενώ αυτό είναι αυτονόητο για τους περισσότερους ανθρώπους, για άλλους δεν είναι απαραίτητα έτσι, εξ ου και το ενδιαφέρον για την αντιμετώπιση των δικών μας προσδοκιών σχετικά με την πίστη από νωρίς.

ΕΙΜΑΣΤΕ ΠΡΑΓΜΑΤΙΚΑ ΦΤΙΑΓΜΕΝΟΙ ΓΙΑ ΜΟΝΟΓΑΜΙΑ;

Η απάντηση σε αυτό το ερώτημα είναι κάπως εκπληκτική! Φαίνεται ότι δεν είναι στη φύση μας ως άνθρωποι να είμαστε μονογαμικοί. Ο Carl Zimmer (Αμερικανός συγγραφέας δημοφιλών επιστημών, γεννημένος το 1966) αναφέρει ότι μόνο το 9% των θηλαστικών είναι μονογαμικά. Σύμφωνα με την Beverley Golden (Καναδή συγγραφέα και σύμβουλο υγείας και ζωτικότητας), αυτό οφείλεται στο γεγονός ότι η μονογαμία δεν είναι κάτι φυσικό για εμάς, ενώ η πίστη είναι μια πραγματική, συνειδητή και μόνιμη δέσμευση απέναντι στον σύντροφό μας. Δεν μπορούν όλοι, και μερικές φορές δεν θέλουν, να δουλέψουν τόσο σκληρά σε αυτόν τον "καταναγκασμό" να είναι πιστοί!

> *"Δεν θυμάμαι ποτέ να είμαι πιστός σε μια σχέση. Το ότι είμαι άπιστος δεν σημαίνει ότι δεν αγαπώ την κοπέλα με την οποία είμαι μαζί, είναι απλά κάτι που δεν μπορώ να κάνω αλλιώς. Αν μου αρέσει μια γυναίκα και μου κάνει τον εαυτό της διαθέσιμο, είναι αδύνατο να μην την ερωτευτώ. Το πρόβλημα είναι ότι όταν ερωτεύομαι (έχει συμβεί τρεις φορές σε 28 χρόνια), καταφέρνω να είμαι πιστός για μερικές εβδομάδες, αλλά μετά από λίγο αρχίζω να παρατηρώ πάλι άλλες γυναίκες και όλα ξεκινούν από την αρχή. Όσο κι αν δεν ήμουν ειλικρινής όταν ήμουν 20 ετών, τώρα προτιμώ να προτείνω μια ανοιχτή σχέση ή να πω ότι 'δεν είμαι καλός σε αυτό'"* (Π. , 28)

Η πίστη, όπως είδαμε προηγουμένως, ορίζεται ως σεξουαλική και συναισθηματική αποκλειστικότητα με τον/την σύντροφό μας- είμαστε ερωτευμένοι μόνο με τον/την σύντροφό μας και κάνουμε σεξ μόνο μαζί του/της. Στη θεωρία, αυτό μπορεί να φαίνεται εύκολο, επειδή αγαπάμε τον σύντροφό μας- στην πραγματικότητα, είναι μερικές φορές πιο περίπλοκο, επειδή η πίστη δεν αφορά μόνο το συναίσθημα της αγάπης: αφορά επίσης την επιθυμία, τη σωματική έλξη, και συναντάμε πειρασμούς σε όλη μας τη ζωή.

Θα πρέπει επίσης να σημειώσουμε ότι περνάμε φάσεις αμφισβήτησης και αμφιβολίας στη ζωή μας, οι οποίες μπορεί να μας απομακρύνουν από τον/την σύντροφό μας, γιατί ούτε εμείς κινούμαστε απαραίτητα προς την ίδια κατεύθυνση με αυτόν/αυτήν. Ως αποτέλεσμα, αυτές οι φάσεις μας κάνουν πιο ευάλωτους στον πειρασμό.

"Έχω σχέση με τον σύντροφό μου εδώ και εννέα χρόνια. Είχαμε τα σκαμπανεβάσματά μας, αλλά η σχέση μας ήταν αρκετά καλή και ευτυχισμένη για αρκετούς μήνες. Δεν έχω απατήσει ποτέ τον σύντροφό μου, αν και στο μεταξύ είχα μερικούς πειρασμούς- από την άλλη πλευρά, είχα ερωτικές περιπέτειες, (πλατωνικές) περιπέτειες και δύο ερωτικές σχέσεις. Δεν θεωρώ ότι αυτό είναι απιστία, επειδή δεν έχω κοιμηθεί με κανέναν, ούτε έχω φιλήσει κανέναν, και κυρίως δεν έχω υποσχεθεί τίποτα σε κανέναν άλλον εκτός από τον σύντροφό μου. Στη συνέχεια, μερικές φορές φλέρταρα και ντύθηκα για να αποπλανήσω κατά κανόνα.

Πριν από πέντε χρόνια πέρασα μια φάση όπου ήθελα να προχωρήσουμε σε μια ανοιχτή σχέση, αλλά εκείνος δεν ήθελε. Είπε ότι ζήλευε πολύ αν έβλεπα άλλους ανθρώπους, αλλά ήθελε να βλέπει άλλες γυναίκες. Μου είπε μάλιστα ότι μερικές φορές ήθελε να κοιμηθεί με άλλες γυναίκες, απλώς για να γνωρίσει άλλα σώματα. Και για μένα, είναι οι φάσεις αποπλάνησης που μερικές φορές μου λείπουν. Το να θέλεις να είσαι δύο άνθρωποι και να είσαι πιστός ο ένας στον άλλον είναι μια δέσμευση, είναι κάτι που πρέπει να δουλέψεις γι' αυτό, και καταλαβαίνω ότι ενδίδεις, γιατί εγώ παραλίγο να ενδώσω ήδη δύο ή τρεις φορές. (Claire, 33 ετών)

ΥΠΑΡΧΟΥΝ ΔΙΑΦΟΡΕΤΙΚΟΙ "ΤΥΠΟΙ" ΑΠΙΣΤΙΑΣ;

Οι έρευνες στην ψυχολογία και την κοινωνιολογία μελετούν εδώ και καιρό το ζήτημα της απιστίας. Από όλα αυτά προκύπτει κυρίως ότι η έννοια της πίστης είναι πολύπλοκο να κατανοηθεί. Η πολυπλοκότητα αυτή οφείλεται κυρίως στον μάλλον υποκειμενικό χαρακτήρα, όπως μόλις αναφέραμε, της έννοιας της πιστότητας. Επιπλέον, οι ερευνητές πάντα αναγνώριζαν ότι οι μελέτες μπορεί να ήταν ελαφρώς μεροληπτικές από μεθοδολογική άποψη, επειδή είναι σχετικά δύσκολο να βρεθούν συμμετέχοντες που αποδέχονται πλήρως την απιστία τους.

Ο συνδυασμός αυτών των στοιχείων εξηγεί γιατί τα αποτελέσματα των ερευνών σχετικά με την πιστότητα είναι μερικές φορές αντιφατικά και συχνά απέχουν πολύ από το να επιτευχθεί συναίνεση. Ωστόσο, φαίνεται ότι μπορούν να εντοπιστούν διαφορετικές κατηγορίες απιστίας.

Σεξουαλική απιστία

Όπως υποδηλώνει το όνομα, αυτός ο τύπος απιστίας αφορά μόνο τη σεξουαλική διάσταση. Πρόκειται για την κλασική περίπτωση συντρόφου που έχει σεξουαλικές σχέσεις με άλλο άτομο ή με πόρνες. Αυτού του είδους η απιστία οφείλεται γενικά σε μια έλλειψη που πρέπει να καλυφθεί από σεξουαλική άποψη, σε μια ανάγκη να έχουν σχέσεις με άλλους ανθρώπους ή να δοκιμάσουν ορισμένες σεξουαλικές πρακτικές που δεν τολμούν απαραίτητα να προσεγγίσουν ως ζευγάρι από φόβο για το βλέμμα του άλλου. Ας μην ξεχνάμε ότι με την πάροδο του χρόνου, η επιθυμία μεταξύ των συντρόφων μπορεί να εξασθενίσει, μερικές φορές οδηγώντας ακόμη και σε πλήρη διακοπή των σεξουαλικών σχέσεων. Τέτοιες περιστάσεις μπορούν φυσικά να αυξήσουν τον πειρασμό να βρεθούν νέες σεξουαλικές αισθήσεις εκτός του ζευγαριού.

Συναισθηματική απιστία

Έχει μια πιο πλατωνική διάσταση, δεν υπάρχει σεξουαλική πράξη. Συναισθηματική απιστία είναι όταν έχετε συναισθήματα για κάποιον άλλο εκτός από τον σύντροφό σας. Το να ερωτευτείς κάποιον δεν είναι μια σκόπιμη πράξη, είναι συχνά κάτι που "πέφτει στην αγκαλιά σου" χωρίς προειδοποίηση. Αρκεί να νιώθουμε εγκαταλελειμμένοι από τον σύντροφό μας, να περνάμε μια δύσκολη φάση στη ζωή του ζευγαριού, και θα είμαστε πιο ευαίσθητοι σε ένα άτομο που θα έρθει πιο κοντά μας, θα μας προσφέρει αυτό που ο σύντροφός μας δεν μπορεί πλέον να μας προσφέρει, όσον αφορά την προσοχή, την καινοτομία κ.λπ.

Παγκόσμια απιστία

Είναι ένας συνδυασμός των δύο τύπων απιστίας που αναφέρθηκαν παραπάνω. Πρόκειται για μια "πλήρη" συναισθηματική σχέση που διεξάγεται εκτός του ζευγαριού. Με άλλα λόγια, πρόκειται για την κλασική περίπτωση διπλής ερωτικής ζωής. Αυτό το είδος απιστίας είναι περισσότερο σύμπτωμα από τα δύο προηγούμενα της έλλειψης αυτοπεποίθησης, ενός συναισθηματικού κενού που πρέπει να καλυφθεί — ή ακόμη και μιας πολύ ισχυρής συναισθηματικής εξάρτησης (οι άνθρωποι που απατούν έχουν ανάγκη να είναι και να αισθάνονται αγαπημένοι, φοβούνται να μείνουν μόνοι).

Online απιστία

Ο τελευταίος τύπος απιστίας εμφανίστηκε με τον εκδημοκρατισμό και την ευρεία χρήση του Διαδικτύου από τις αρχές της δεκαετίας του 2000. Με το Διαδίκτυο, η πορνογραφία απέκτησε μια νέα διάσταση (ερασιτεχνικά βίντεο, *κορίτσια με κάμερες*, συνομιλίες και διάφορα X-rated chat rooms), και ο θεμελιωδώς ανώνυμος χαρακτήρας του Διαδικτύου επέτρεψε να ανοίξουν οι σεξουαλικοί ορίζοντες, με εμπιστευτικότητα.

Αυτή η απιστία είναι λίγο πιο λεπτή από τις προαναφερθείσες και πιο δύσκολο να οριστεί λόγω του "τεχνητού" χαρακτήρα της λόγω της οθόνης. Πράγματι, ελλείψει άμεσης επαφής μεταξύ των ανθρώπων, είναι σεξουαλικό χωρίς να είναι σεξουαλικό (δεν υπάρχει σωματική επαφή, αλλά μπορεί να υπάρχει αυνανισμός μέσω webcams μεταξύ του συντρόφου και ενός τρίτου ατόμου), και δεν είναι πραγματικά ούτε συναισθηματικό (ακόμη και αν κάποιος μπορεί να ερωτευτεί κάποιον "διαδικτυακά" χωρίς να τον/την έχει συναντήσει στην πραγματική ζωή, μιλώντας μαζί του/της σε chat rooms ή σε φόρουμ).

Αξίζει επίσης να σημειωθεί ότι τα άτομα που είναι σεξουαλικά εξαρτημένα (βλ. <u>Σεξουαλική εξάρτηση</u>) είναι πιο πιθανό να καταφύγουν σε αυτό το είδος απιστίας, καθώς το μόνο που χρειάζονται είναι μια σύνδεση στο διαδίκτυο και η πρόσβαση είναι άμεση, οποιαδήποτε ώρα της ημέρας ή της νύχτας και σε οποιοδήποτε μέρος.

ΑΠΟ ΤΗΝ ΠΛΕΥΡΑ ΤΩΝ ΑΠΙΣΤΩΝ, ΟΙ ΛΟΓΟΙ ΤΗΣ ΕΞΑΠΑΤΗΣΗΣ

Τι όμως ενθαρρύνει την απιστία μέσα σε ένα ζευγάρι; Πώς γίνεται ευτυχισμένα ζευγάρια να καταλήγουν να απατούν; Και εδώ, όπως μπορείτε να φανταστείτε, είναι δύσκολο να προσδιοριστούν στοιχεία που ισχύουν σε όλες τις περιπτώσεις, με απόλυτους όρους. Απαιτείται προσοχή και αποχρώσεις, καθώς κάθε κατάσταση και κάθε άτομο είναι μοναδικά.

Για παράδειγμα, στο άρθρο της *"How Likely Is Your Partner to Cheat?"*, η Juliana Breines (PhD στην κοινωνική και προσωπική ψυχολογία, γεννημένη το 1983) ασχολείται με την περίπτωση της εξουσίας. Επικαλείται μια μελέτη του 2011 που δείχνει ότι όσο υψηλότερη είναι η θέση σας στον εργασιακό σας χώρο, τόσο πιο πιθανό είναι να απατήσετε τον σύντροφό σας, ανεξάρτητα από το φύλο σας. Ωστόσο, η Juliana Breines παραδέχεται ότι σε άλλες μελέτες, οι ερευνητές διαπίστωσαν ότι όταν ένας άνδρας εξαρτάται οικονομικά από τη σύντροφό του, είναι πιο πιθανό να απατήσει.

Σύμφωνα με την Jeanna Bryner (επιστημονική δημοσιογράφος) στο άρθρο της *"Surviving Infidelity: What Wives Do When Men Cheat"*, αυτό που συμβάλλει σε αυτά τα παράδοξα ευρήματα σχετικά με την απιστία είναι επίσης το γεγονός ότι οι ρίζες της απιστίας διαφέρουν μεταξύ των δύο φύλων: οι γυναίκες είναι πιο πιθανό να απιστήσουν όταν αισθάνονται συναισθηματικά παραμελημένες από τον σύντροφό τους, ενώ οι άνδρες είναι πιο πιθανό να απιστήσουν επειδή αναζητούν σεξουαλικές εμπειρίες στον εαυτό τους. Ως αποτέλεσμα, οι άνδρες είναι λιγότερο πιθανό να συγχωρήσουν μια σεξουαλικά άπιστη γυναίκα, ενώ οι γυναίκες είναι πιο πιθανό να συγχωρήσουν ένα one-night stand ή μια σεξουαλική σχέση που δεν περιλαμβάνει τη συναισθηματική πτυχή.

 ## Το ΗΞΕΡΕΣ ΑΥΤΟ;

Οι έρευνες δείχνουν ότι η σεξουαλική απιστία διαπράττεται συχνότερα από τους άνδρες, ενώ οι γυναίκες τείνουν να είναι πιο πιθανό να απιστούν συναισθηματικά, συχνά λόγω γενικής δυσαρέσκειας με τη σχέση. Οι γυναίκες είναι πιο πιθανό να συγχωρήσουν τη σεξουαλική απιστία απ' ό,τι τη συναισθηματική, ενώ οι άνδρες συγχωρούν περισσότερο μια γυναίκα που έχει απιστήσει συναισθηματικά παρά σεξουαλικά.

Για να εξηγηθεί αυτή η διαφορά, έχει γίνει μια σύνδεση με πανάρχαιες συμπεριφορές, τις οποίες έχουμε κληρονομήσει γενετικά. Από την αρχή της ανθρωπότητας, οι άνδρες φαίνεται να έχουν "προγραμματιστεί", από ορμονικής και σεξουαλικής άποψης, να αναπαράγονται με μεγάλο αριθμό συντρόφων, προκειμένου να εξασφαλίσουν τους απογόνους τους, σε αντίθεση με τις γυναίκες, των οποίων το σώμα πρέπει να φροντίζει το παιδί ενός μόνο συντρόφου για ορισμένο χρονικό διάστημα (κύηση, θηλασμός). Επιπλέον, οι γυναίκες εξαρτώνται από τη βοήθεια των συντρόφων τους: οι άνδρες είναι αυτοί που παρέχουν τροφή στην οικογένεια και την προστατεύουν από πιθανούς κινδύνους, δημιουργώντας έτσι ένα ευνοϊκό περιβάλλον για την ανάπτυξη των παιδιών.

Ίσως σε αυτή την πρωτόγονη κοινωνική οργάνωση ένας άνδρας να είναι λιγότερο πιθανό να δικαιολογήσει τη σεξουαλική απιστία: οι άνδρες θέλουν να διασφαλίσουν τη συνέχεια του αίματός τους (και όχι του αίματος ενός άλλου άνδρα). Οι γυναίκες, από την άλλη πλευρά, τείνουν να επιδιώκουν την προστασία του συντρόφου τους και, ως εκ τούτου, είναι λιγότερο πιθανό να συγχωρήσουν έναν σύντροφο που εμπλέκεται συναισθηματικά αλλού.

Παρά ταύτα, ορισμένα στοιχεία φαίνεται να αναγνωρίζονται αρκετά ομόφωνα – με την έννοια ότι δεν είναι ειδικά για μια συγκεκριμένη ηλικιακή ή κοινωνικοπολιτισμική κατηγορία – ως παράγοντες που ευνοούν την πράξη της απιστίας: η γενική δυσαρέσκεια μέσα στο ζευγάρι, η ανάγκη να δοκιμαστεί το ζευγάρι ή να διαλυθεί, οι ευκαιρίες και, τέλος, η ειδική περίπτωση του σεξουαλικού εθισμού. Θα εξετάσουμε τώρα καθένα από αυτά με περισσότερες λεπτομέρειες.

Συνολική δυσαρέσκεια εντός του ζευγαριού

Η δυσαρέσκεια στο ζευγάρι είναι ένας πολύ σημαντικός παράγοντας. Εμπλέκεται με τον ένα ή τον άλλο τρόπο σε όλες τις κατηγορίες που περιγράφονται στην παρούσα ενότητα.

Αλλά τι είναι πραγματικά η δυσαρέσκεια; Η δυσαρέσκεια είναι ένας ευρύς όρος που μπορεί να καλύψει πολλές διαφορετικές έννοιες. Για τους σκοπούς μας, θα πούμε ότι η συνολική δυσαρέσκεια είναι παρόμοια με την αίσθηση ότι κάτι λείπει από τη ζωή μας. Αυτό το αίσθημα ανασφάλειας μπορεί να οφείλεται σε μια προσωπική ταλαιπωρία (τότε θα μιλούσαμε για ένα άτομο με μια ορισμένη ναρκισσιστική ευθραυστότητα, που έχει ανάγκη να καθησυχάζει συνεχώς τον εαυτό του) ή μπορεί να συνδέεται άμεσα με μια δυσκολία στη σχέση που βιώνει το ζευγάρι. Και στις δύο περιπτώσεις, χαρακτηρίζεται από την αίσθηση ότι υπάρχει ένα κενό που πρέπει να καλυφθεί.

Αυτό το κενό που πρέπει να καλυφθεί μπορεί να είναι διαφόρων ειδών. Μερικές φορές είναι μια γενική έλλειψη αυτοπεποίθησης που πρέπει να καλυφθεί. Ανεξάρτητα από το ζευγάρι που σχηματίζεται, την καλοσύνη ή όχι του συντρόφου, το άτομο που πάσχει από τέτοια έλλειψη αυτοπεποίθησης θα προσπαθεί συνεχώς να πείσει τον εαυτό του, χωρίς ποτέ να τα καταφέρνει, ότι μπορεί να ικανοποιήσει, επιδιώκοντας ακούραστα να προκαλέσει τον θαυμασμό, να αποπλανήσει.

Μερικές φορές αυτό το κενό προκύπτει όταν ο ένας από τους συντρόφους δεν αισθάνεται πλέον ότι ο άλλος τον στηρίζει, τον ακούει ή τον αγαπάει. Τότε είναι πιο πιθανό να παρατηρήσει κάποιον που ενδιαφέρεται γι' αυτόν/αυτήν, ο οποίος δείχνει χειρονομίες που ο/η σύντροφός του/της δεν έχει πλέον γι' αυτόν/αυτήν. Και εδώ πάλι, το γεγονός ότι δεν αισθάνεστε επαρκώς υποστηριζόμενοι από το άλλο άτομο μπορεί, σε ορισμένες περιπτώσεις, να είναι μια πραγματική έλλειψη υποστήριξης στο ζευγάρι και σε άλλες, μια πιο προσωπική ευθραυστότητα.

> *"Ήταν πριν από μερικά χρόνια, ο σύντροφός μου είχε πολλές εβδομαδιαίες δραστηριότητες εκτός της δουλειάς του και εγώ ένιωθα παραμελημένη. Είχα τρομακτικά προβλήματα υγείας, χρειαζόμουν τον σύντροφό μου, αλλά εκείνος χρειαζόταν τον αθλητισμό του και τις δραστηριότητές του με τους φίλους του. Στη συνέχεια γνώρισα τον Μ. μέσω φίλων. Ο Μ. και εγώ είχαμε μια πλατωνική σχέση για δύο μήνες, μια πολύ έντονη σχέση, αλλά από απόσταση (ζούσε 200 χιλιόμετρα μακριά). Ο Μ. με καταλάβαινε,*

ήμασταν στο ίδιο μήκος κύματος και μου έδινε αυτό που δεν μου έδινε ο σύντροφός μου: υποστήριξη και στοργή". (J. , 37 ετών)

Σε άλλες περιπτώσεις, αυτό το κενό συνδέεται με το αίσθημα της πλήξης, της "ισοπέδωσης" του ζευγαριού. Έτσι, η μονοτονία, παρά το γεγονός ότι αποτελεί μια καθησυχαστική και ασφαλή δομή, μπορεί να βλάψει σοβαρά το αίσθημα της αγάπης, βυθίζοντας τους συντρόφους σε μια ανία και μια αποξενωτική προβλεψιμότητα. Όταν ο έγγαμος βίος γίνεται συνήθεια, όπως το βούρτσισμα των δοντιών κάθε μέρα, όταν η σχέση έχει χάσει την παλιά της φαντασία, δεν είναι ασυνήθιστο ο ένας ή και οι δύο σύντροφοι να νιώθουν την ανάγκη να πάνε αλλού αντί να ζουν με νοσταλγία για μια σχέση που δεν υπάρχει πια. Φυσικά, η καθιέρωση μιας καθημερινής ρουτίνας είναι αναπόφευκτη ως ένα βαθμό- το μυστικό των μόνιμων ζευγαριών έγκειται στην επένδυση κάθε συντρόφου στο να σπάει αυτή η μονοτονία όσο το δυνατόν συχνότερα.

"Σχετικά με τους λόγους της απιστίας] Ρουτίνα. Επαναλαμβανόμενη απουσία ενός από τους δύο συντρόφους. Έλλειψη βαθιάς και τακτικής επικοινωνίας. Ο ένας σύντροφος δυσκολεύει τη ζωή του άλλου (για παράδειγμα, παραπονιέται συνέχεια). Διαφορές στο καθημερινό πρόγραμμα ζωής. Βαρεμάρα". (Lea, 25)

Όπως θα έχετε καταλάβει, η ύπαρξη ενός γενικού αισθήματος δυσαρέσκειας ενθαρρύνει σχεδόν μόνιμα την απιστία. Αυτό ισχύει προφανώς τόσο για τους άνδρες όσο και για τις γυναίκες, αν και φαίνεται ότι οι γυναίκες είναι πιο ευαίσθητες σε αυτό το κριτήριο.

Προσχηματικές απιστίες

Ο [Δρ] Christophe Fauré (Γάλλος ψυχίατρος και ψυχοθεραπευτής) συζητά στο βιβλίο του *Est-ce que tu m'aimes encore?* αυτό που αποκαλεί "προσχηματική απιστία". Το άπιστο πρόσωπο, διαπράττοντας την πράξη του, θα είχε σε αυτή ακριβώς την περίπτωση τον έμμεσο στόχο να χωρίσει με τον σύντροφό του ή, τουλάχιστον, να θέσει το ζευγάρι του σε δοκιμασία. Ο σκοπός της απιστίας είναι λοιπόν να καταρρεύσει η σχέση.

Υπάρχουν πολλοί λόγοι για τέτοιες ενέργειες. Μπορεί να έχουν τις ρίζες τους στην επιθυμία για εκδίκηση (ο σύντροφος έχει απατηθεί και θέλει να απατήσει με τη σειρά του για να επαναφέρει την ισορροπία στη σχέση), στην επιθυμία να δοκιμάσει τη δύναμη της σχέσης ή ακόμη και να κερδίσει ξανά την προσοχή του/της συντρόφου του/της κ.λπ.

Σε ορισμένες περιπτώσεις, ο σύντροφος επιδιώκει να χωρίσει χωρίς να βρει μια "καλύτερη" τακτική για να ξεφύγει από τη σχέση. Προτιμά τη ριζική φύση της απιστίας, η οποία δημιουργεί μια σαφή και βίαιη δικαιολογία για να χωρίσει, παρά να επικοινωνήσει εκτενώς με τον/την σύντροφό του/της για την επιθυμία του/της να μη συνεχίσει τη σχέση. Αυτού του είδους η παράκαμψη του προβλήματος μπορεί να είναι αποτέλεσμα μιας δυσκολίας στην επικοινωνία μέσα στο ζευγάρι, του φόβου ότι δεν υπάρχει ένας πραγματικά βάσιμος λόγος για να χωρίσουν, της επιθυμίας να αποφευχθεί κάθε συζήτηση προκειμένου να δοθεί στο ζευγάρι μια ευκαιρία ξανά, κ.λπ.

Η ευκαιρία να είστε άπιστοι

Η ευκαιρία, δηλαδή η ύπαρξη ευκαιριών για απιστία ενώ βρίσκεστε μακριά από το σπίτι, είναι ένα κάπως διαφορετικό κριτήριο από τα προηγούμενα, υπό την έννοια ότι δεν προκαλεί στην πραγματικότητα την απιστία. Αντίθετα, πρόκειται για ένα στοιχείο του πλαισίου που μπορεί να ενθαρρύνει την πράξη, αν το άτομο τη σκέφτεται.

Αυτό μπορεί να είναι, για παράδειγμα, η εργασία στο εξωτερικό, τα τακτικά ταξίδια σε συνέδρια, η συνάντηση με άτομα που είναι δυνητικά σεξουαλικά ή/και συναισθηματικά ενδιαφέροντα. Για παράδειγμα, κάποιος που εργάζεται από το σπίτι του έχει στατιστικά λιγότερες πιθανότητες να γνωρίσει νέους ανθρώπους από έναν δημοσιογράφο που κάνει ρεπορτάζ από το εξωτερικό ή έναν επιχειρηματία που πετάει όπως κάποιοι αλλάζουν το πουκάμισό τους. Επομένως, ο παράγοντας "ευκαιρία" κινδύνου αυξάνεται σε συνάρτηση με τις επαγγελματικές – και φυσικά τις εξωεπαγγελματικές – συναντήσεις.

Φυσικά, το γεγονός ότι ο σύντροφός σας ταξιδεύει πολύ για τη δουλειά του και έχει συνήθως πολλαπλές συναντήσεις δεν σημαίνει ότι θα σας απατήσει. Αυτό δεν έχει σε καμία περίπτωση αιτιώδη χαρακτήρα. Η αφετηρία, το έναυσμα για την απιστία στηρίζεται, όπως συζητήσαμε προηγουμένως, σε κάποια μορφή γενικής δυσαρέσκειας, που συνδέεται είτε με πιο προσωπικά βάσανα είτε με δυσκολίες στη σχέση του ζευγαριού. Οι ευκαιρίες απλά αυξάνουν την πιθανότητα ένα άτομο που είναι δυσαρεστημένο με τη σχέση του να διαπράξει μοιχεία, καθώς απλά θα έχει περισσότερες ευκαιρίες να το κάνει.

Εθισμός στο σεξ

Περνάμε τώρα στην πιο συγκεκριμένη περίπτωση του σεξουαλικού εθισμού, ο οποίος είναι μια μορφή εξάρτησης. Σε αντίθεση με την ευκαιρία, η οποία μπορεί να οδηγήσει σε διάφορες μορφές μοιχείας, ο σεξουαλικός εθισμός επικεντρώνεται αποκλειστικά στην ψυχαναγκαστική και συχνή ανάγκη για σεξ, αυνανισμό ή παρακολούθηση πορνογραφικών βίντεο.

Αυτή η συχνή ανάγκη είναι τόσο αιτία όσο και συνέπεια της σεξουαλικής δυσαρέσκειας. Πράγματι, το άτομο που πάσχει από αυτού του είδους τον εθισμό δεν μπορεί ποτέ να ικανοποιηθεί πλήρως σεξουαλικά, καθώς είναι αδύνατο να φτάσει σε σεξουαλικό κορεσμό, σε όποια σχέση και αν εισέλθει.

Όταν ο σύντροφός σας πάσχει από αυτή την ασθένεια – και μάλιστα μπορεί να χαρακτηριστεί ασθένεια από μόνη της – μην το παίρνετε προσωπικά: πρόκειται για μια ακατάσχετη παρόρμηση που είναι δύσκολο να καταπολεμηθεί. Βασικά, δεν υπάρχει τίποτα που μπορείτε να κάνετε για να τον βοηθήσετε – εκτός από ψυχολογική υποστήριξη, αλλά ακόμα και τότε.

Ο σεξουαλικός εθισμός αντιμετωπίζεται όπως τα προβλήματα με τα ναρκωτικά και το αλκοόλ: είναι ένα πρόβλημα που δεν μπορεί να λυθεί από κανέναν άλλον παρά μόνο από τον εαυτό του. Απαιτεί τεράστιο βαθμό δουλειάς πάνω στον εαυτό μας και ακλόνητη θέληση να μην ενδίδουμε σε έναν πειρασμό που είναι πάντα ψυχαναγκαστικός. Μια ατομική ψυχολογική παρακολούθηση είναι επίσης επιθυμητή για το άτομο που πάσχει από αυτή τη διαταραχή, προκειμένου να δοθεί μια κατεύθυνση στην ανάρρωσή του και να έχει ένα πλαίσιο δράσης.

Οι ομάδες υποστήριξης εθισμού είναι μια ενδιαφέρουσα μορφή υποστήριξης λόγω του τρόπου λειτουργίας τους και του ευτελισμού της εμπειρίας που αντιπροσωπεύουν: το άτομο θα έχει ένα φόρουμ που θα είναι πολύ δεκτικό στα προβλήματά του, γεγονός που μπορεί να το ενθαρρύνει περισσότερο από τους ανθρώπους γύρω του – οι οποίοι δεν μπορούν να "κατανοήσουν" ουσιαστικά τα ζητήματα που σχετίζονται με τον σεξουαλικό εθισμό με τον ίδιο τρόπο όπως άλλοι άνθρωποι που επηρεάζονται άμεσα από το πρόβλημα.

ΞΕΠΕΡΝΩΝΤΑΣ ΤΗΝ ΑΠΙΣΤΙΑ, Ο ΔΡΟΜΟΣ ΓΙΑ ΤΗΝ ΑΝΟΙΚΟΔΟΜΗΣΗ ΤΗΣ ΕΜΠΙΣΤΟΣΥΝΗΣ

Η εμπειρία της απιστίας σε μια σχέση είναι συχνά μια οδυνηρή συναισθηματική εμπειρία και για τους δύο συντρόφους, ειδικά όταν οι σύντροφοι συνεχίζουν να αγαπούν ο ένας τον άλλον και θέλουν να μοιράζονται τη ζωή τους.

Η ανάκαμψη από την απιστία είναι μια μακρά διαδικασία που περιλαμβάνει αναγκαστικά την αποκατάσταση της εμπιστοσύνης: εμπιστοσύνη στον εαυτό μας ως άτομο που μπορεί να γίνει σεβαστό και να αγαπηθεί- εμπιστοσύνη στην ιδέα ότι μια πιστή σχέση είναι ακόμα δυνατή, είτε με τον σύντροφο που πρόδωσε είτε σε μια νέα σχέση. Η υπέρβαση της απιστίας μπορεί επομένως να γίνει από δύο οπτικές γωνίες: η πρώτη είναι πιο προσωπική και η δεύτερη αποσκοπεί στην αποκατάσταση της εμπιστοσύνης στο ζευγάρι. Το προδομένο άτομο πρέπει να κάνει και τα δύο παράλληλα.

Σύμφωνα με την Jeanna Bryner στο *"Surviving Infidelity: What Wives Do When Men Cheat"* και την Tammy Nelson (Αμερικανίδα συγγραφέας και σεξοθεραπεύτρια) με το *"Can I Get Over An Affair? Οι τρεις φάσεις της αποκατάστασης"*, το θύμα της απιστίας περνάει από τρεις κλασικές φάσεις "ανοικοδόμησης".

Η ΣΥΝΑΙΣΘΗΜΑΤΙΚΗ ΚΑΤΑΙΓΙΔΑ

Είναι σίγουρα μια από τις πιο δύσκολες φάσεις που πρέπει να περάσετε. Τα συναισθήματα διαδέχονται το ένα το άλλο, βίαια, αντιφατικά και δεν σου αφήνουν ανάπαυλα. Τα δάκρυα, ο θυμός, η θλίψη μοιάζουν ατελείωτα- η απελπισία και η αηδία εναλλάσσονται με τα συναισθήματα τρυφερότητας και προσκόλλησης που εξακολουθείτε να έχετε προς τον σύντροφό σας. Είναι πολύ δύσκολο να βγείτε από αυτή τη δίνη και είναι καλύτερα να την αποδεχτείτε: αφήστε τα συναισθήματά σας να "ρέουν", αποδεχτείτε να νιώθετε αυτό που νιώθετε.

Ο Δρ Christophe Fauré (στο *Est-ce que tu m'aimes encore?*) παρατηρεί ότι το συναισθηματικό σοκ που προκαλεί η αποκάλυψη της απιστίας μπορεί να έχει ψυχολογικές συνέπειες που είναι αρκετά δύσκολο να ζήσει το εξαπατημένο άτομο, οδηγώντας μερικές φορές σε σύνδρομο μετατραυματικού στρες. Το σύνδρομο αυτό εμφανίζεται μετά από ένα μείζον ψυχολογικό τραύμα (στην προκειμένη περίπτωση, το σοκ της ανακάλυψης της απιστίας) και χαρακτηρίζεται από εμμονές (αναβίωση των σκηνών όπου μαθεύτηκε η απιστία, εικόνες της απιστίας που κάνουν τον κύκλο τους), αυξημένο άγχος (μόνιμη κατάσταση άγχους, συνεχής εγρήγορση) και συμπεριφορά αποφυγής (αποφυγή πραγμάτων, τόπων ή ανθρώπων που μπορεί να θυμίζουν την απιστία).

Αν και είναι φυσιολογικό να συγκλονιστεί κανείς από τέτοια νέα, το σοκ θα πρέπει να υποχωρήσει με τον καιρό- αν δεν υποχωρήσει, δεν θα πρέπει να διστάσει να συμβουλευτεί έναν θεραπευτή για την αντιμετώπιση του μετατραυματικού στρες, διότι όταν αυτό εγκατασταθεί με την πάροδο του χρόνου, παίρνει μια δυνητικά παθολογική διάσταση με αυξανόμενες επιπτώσεις στην ψυχική υγεία του ατόμου.

Η θεραπεύτρια Tammy Nelson συμβουλεύει να έχετε κατά νου όσο το δυνατόν περισσότερο ότι, παρόλο που περνάτε μια πολύ δύσκολη περίοδο αυτή τη στιγμή, πρόκειται για μια μεταβατική φάση που τελικά θα περάσει. Προσθέτει ότι αυτή η περίοδος είναι πραγματικά μια περίοδος πένθους. Πρόκειται για το πένθος για το όραμα που είχατε για τη σχέση σας και για όλα όσα αυτό το όραμα συνεπάγεται από την άποψη των νοητικών εικόνων και των προσδοκιών του παρελθόντος (π.χ. φανταζόσασταν μια σχέση εμπιστοσύνης και ευτυχίας, δεν πιστεύατε ότι ο σύντροφός σας θα μπορούσε να έχει μια διπλή ζωή με κάποιον άλλον κ.λπ.).). Όπως κάθε πένθος, αυτό θα πάρει χρόνο. Η σχέση σας αλλάζει: δεν είναι και δεν θα είναι ποτέ πια η ίδια με πριν. Και αυτό είναι καλό, γιατί η κατάσταση του παρελθόντος ήταν αυτή που ενθάρρυνε την απιστία να συμβεί.

Ο ᴰʳ Fauré συμβουλεύει να αποδεχτούμε ότι πρέπει να γίνουν αλλαγές και από τους δύο συντρόφους, αν θέλουν να δώσουν ο ένας στον άλλον μια ευκαιρία.

 ΝΑ ΑΠΟΦΕΥΓΕΤΑΙ

Μην βιάζεστε... Δώστε χρόνο στον εαυτό σας να ηρεμήσει την καταιγίδα μέσα σας. Κάντε πράγματα που σας δίνουν ευχαρίστηση, που σας δίνουν λίγο χώρο. Η εξάσκηση ενός αθλήματος όπως η γιόγκα μπορεί να είναι ενδιαφέρουσα, για να διοχετεύσετε τα συναισθήματα μέσω της εκμάθησης αναπνοών χαλάρωσης. Πάρτε βαθιές αναπνοές, προσπαθήστε να καθαρίσετε το μυαλό σας όταν όλα είναι ταραχώδη, για παράδειγμα με χαλαρωτικές, αθλητικές ή δημιουργικές δραστηριότητες.

Όσο βρίσκεστε σε αυτή τη φάση, μην πάρετε σημαντικές αποφάσεις – όπως το αν θα φύγετε ή θα μείνετε σίγουρα. Αφήστε το κεφάλι σας να κρυώσει πριν αποφασίσετε. Σύμφωνα με τον Robert Weiss (Αμερικανός συγγραφέας και σεξοθεραπευτής), ο χρυσός κανόνας είναι να μην κάνετε σημαντικές αλλαγές τους πρώτους έξι μήνες της διαδικασίας.

Η ΑΝΑΖΗΤΗΣΗ ΤΟΥ ΝΟΗΜΑΤΟΣ

Όταν η συναισθηματική καταιγίδα έχει καταλαγιάσει, όταν έχει επιτευχθεί μια φάση σταθεροποίησης των συναισθημάτων, είναι η κατάλληλη στιγμή για να ξεκινήσει η φάση του προβληματισμού.

Αυτή η φάση μπορεί να είναι πολύ μακρά – αρκετούς μήνες – καθώς προσπαθείτε να καταλάβετε τις λεπτομέρειες της απιστίας. Πρόκειται για ένα έργο αποδόμησης της απιστίας με στόχο την ανοικοδόμησή σας, προσωπικά, αργότερα.

Γιατί να αποδομήσετε την απιστία; Εκτός από τους σεξουαλικούς εθισμούς, οι οποίοι αποτελούν "εξαίρεση" από τη φύση τους, αποδεικνύεται ότι η απιστία συχνά προκύπτει από μια έλλειψη, μια δυσλειτουργία στο ζευγάρι, μια δυσαρέσκεια. Επειδή ο σύντροφος αναζητά κάτι που δεν μπορεί πλέον να βρει μέσα στο ζευγάρι, αναλαμβάνει δράση. Το πρόσωπο που ερωτεύεται είναι συχνά μόνο μια αποζημίωση που πέφτει την κατάλληλη στιγμή. Το κλειδί της θεραπείας βρίσκεται στην κλειδαριά της κατανόησης- πρέπει να καταλάβει κανείς τι οδήγησε τον άλλον να ενεργήσει όπως έπραξε.

Πώς να καταλάβετε την απιστία; Πρέπει να είστε σε θέση να αναγνωρίσετε την αρχική κατάσταση, πριν από την αποδιοργανωτική απιστία. Ποια ήταν η δυναμική της σχέσης σας; Αισθανόσασταν ότι ο ένας από εσάς αποφάσιζε τα πάντα και ο άλλος ακολουθούσε; Συμφωνούσατε ή διαφωνούσατε συχνά σε πολλά καθημερινά πράγματα; Μήπως ο ένας από εσάς κρατούσε κακία στον άλλον; Αισθάνθηκε κάποιος από εσάς παραμελημένος από τον άλλον;

> *"Έδωσα χρόνο στον εαυτό μου να αναλάβει την ευθύνη, συνάντησα το άλλο αγόρι, προσπάθησα να καταλάβω, άκουσα τις διαφορετικές εκδοχές, έδειξα πόσο είχα πληγωθεί, μίλησα πολύ. (Erwan, 30 ετών)*

Πώς ξέρετε πότε έχετε φτάσει σε επαρκές επίπεδο κατανόησης; Σύμφωνα με την Tammy Nelson, αυτό συμβαίνει όταν οι σύντροφοι μπορούν να μοιραστούν την ευθύνη για το τι συνέβη πριν από την απιστία, δηλαδή τι συνέβαλε σε αυτήν. Με αυτόν τον τρόπο, η διαδικασία γίνεται μια κοινή εμπειρία μεταξύ των εταίρων και όχι δύο μεμονωμένες εμπειρίες που προστίθενται.

Για παράδειγμα, στην περίπτωση ενός συντρόφου που απάτησε τον/την σύζυγό του/της επειδή ένιωθε παραμελημένος/η, εκτός από την αρχική έλλειψη επικοινωνίας σχετικά με τις ανάγκες του/της, ίσως δεν μπορούσε πραγματικά να επικοινωνήσει με τον καλύτερο δυνατό τρόπο επειδή ο/η σύντροφός του/της περνούσε μια δύσκολη φάση στη δουλειά του/της, στην οποία ήταν πολύ συναισθηματικά εμπλεκόμενος/η, και ο/η σύντροφος δεν ήταν επομένως σε θέση να ακούσει και να ενεργήσει σύμφωνα με τις προσδοκίες του άλλου.

Κατά τη διάρκεια αυτής της περιόδου περισυλλογής, είναι σκόπιμο να συνεχίσετε να βγαίνετε ως ζευγάρι. Αν και είναι προφανώς άβολο να είστε μαζί, είναι καλύτερο να κάνετε τα πράγματα με άλλους φίλους και μέλη της οικογένειας που ιδανικά δεν γνωρίζουν για τη μοιχεία, ώστε να μην συμπεριφέρονται μεροληπτικά απέναντι σε εσάς και τον σύντροφό σας. Πηγαίνοντας στον κινηματογράφο, σε εστιατόρια, δείπνα με φίλους, επιτραπέζια παιχνίδια, υπαίθριες ή εσωτερικές δραστηριότητες, όλα είναι καλά για να βρεθείτε μαζί και να μάθετε να δημιουργείτε ξανά μια συνενοχή με τον σύντροφό σας.

 ## ΣΥΜΒΟΥΛΕΣ

Όσον αφορά τις δραστηριότητες για δύο, μπορείτε να επιλέξετε τις εκδρομές που λειτούργησαν καλά στην αρχή της σχέσης σας. Σύμφωνα με τον [Dr.] Fauré, αυτό ενθαρρύνει μια θετική δυναμική με την ανάκληση και την ανάμνηση των καλών στιγμών που περάσαμε μαζί... Και αυτό δημιουργεί άλλους. Τι κάνατε με τον σύντροφό σας στα πρώτα σας ραντεβού;

Αυτή η φάση προβληματισμού είναι επίσης μια ευκαιρία να εστιάσετε στον εαυτό σας ως άτομο. Εκμεταλλευτείτε αυτή την περίοδο αναζήτησης νοήματος για να φροντίσετε το πιο σημαντικό πρόσωπο στη ζωή σας: τον εαυτό σας! Δώστε στον εαυτό σας μικρές απολαύσεις. Μια φορά την ημέρα, αφιερώστε χρόνο στον εαυτό σας, για να φροντίσετε τον εαυτό σας ψυχικά και σωματικά. Αναλάβετε μια δραστηριότητα (αθλητική, πολιτιστική ή άλλη) που πάντα – ή εδώ και καιρό – θέλατε να κάνετε. Προσπαθήστε να επιστρέψετε στα βασικά: τι είναι πραγματικά σημαντικό για εσάς;

Καθώς ανοικοδομείτε τον εαυτό σας, να θυμάστε πάντα ότι είστε ένα ενδιαφέρον άτομο και ότι το γεγονός ότι ο σύντροφός σας έχει απομακρυνθεί από εσάς δεν σημαίνει ότι δεν αξίζετε. Το αξίζετε! Στην πραγματικότητα, είναι πολύ πιθανό ο σύντροφός σας να το γνωρίζει αυτό και να αισθάνεται ενοχές που σας πλήγωσε.

Για να θεραπευτείς, πρέπει να βρεις τον εαυτό σου (σε αυτό που αγαπάς, σε αυτό που κάνεις) και να μάθεις να αγαπάς τον εαυτό σου όπως είναι – πράγμα που είναι σίγουρα το πιο δύσκολο, γιατί η απιστία του συντρόφου σου σε έκανε αναμφίβολα να αμφισβητήσεις τις δικές σου ιδιότητες, τόσο ψυχολογικές όσο και σωματικές. Αναδημιουργώντας την ευχαρίστηση και την ολοκλήρωση στη ζωή σας, θα το πετύχετε σταδιακά.

Η ΑΠΟΦΑΣΗ: ΝΑ ΦΥΓΩ Η ΝΑ ΜΕΙΝΩ;

Τώρα που έχετε μια πιο σφαιρική εικόνα της κατάστασής σας, βρίσκεστε στις κατάλληλες συνθήκες για να πάρετε μια απόφαση σχετικά με το συναισθηματικό σας μέλλον. Μόνο εσείς θα είστε σε θέση να συμφωνήσετε για το τι είναι καλύτερο για εσάς. Να μείνετε ή να φύγετε; Κανείς δεν μπορεί να επιλέξει για εσάς!

Πριν αποφασίσετε, είναι σημαντικό να αφιερώσετε χρόνο για να συνειδητοποιήσετε τις συνέπειες της παραμονής με τον σύντροφό σας και της εγκατάλειψης του συντρόφου σας. Θα σας μεταφέρουμε τώρα μέσα από αυτή τη διαδικασία συνειδητοποίησης.

ΜΕΤΑ ΤΗΝ ΑΠΙΣΤΙΑ

ΟΤΑΝ ΜΕΝΕΤΕ ΜΕ ΤΟΝ ΣΥΝΤΡΟΦΟ ΣΑΣ

Το να παραμείνετε σημαίνει να αποδεχτείτε το λάθος του συντρόφου σας, να τον συγχωρήσετε και να εργαστείτε για την αποκατάσταση της εμπιστοσύνης. Το αν θα συγχωρήσετε εξαρτάται αποκλειστικά από τη συναισθηματική σας ανάπτυξη σε σχέση με την κατάσταση. Επομένως, μπορεί να χρειαστεί ένα μεταβλητό χρονικό διάστημα: χρόνος για να επεξεργαστεί ο θυμός, η θλίψη και η δυσαρέσκεια. Μην πιέζετε τον εαυτό σας.

Η συγχώρεση είναι μια υποκειμενική έννοια: ενώ ορισμένοι άνθρωποι τη θεωρούν ως το να αφήνουν πραγματικά πίσω τους όλη την αγανάκτηση και να ξεχνούν όλα όσα έχουν συμβεί, άλλοι τη θεωρούν περισσότερο ως το να αφήνουν το θυμό να φύγει – χωρίς να ξεχνούν τα γεγονότα. Το κλειδί για τη συγχώρεση είναι να κατανοήσετε τις πράξεις του ατόμου, να μπορέσετε να μπείτε στη θέση του (να συναισθανθείτε), να αφήσετε το θυμό και την αγανάκτηση, ώστε να μπορέσετε να ξεκινήσετε από την αρχή. Το πιο σημαντικό είναι να προστατεύσετε τον εαυτό σας από τις βλαβερές συνέπειες του θυμού και της δυσαρέσκειας μακροπρόθεσμα- δεν θέλετε η δυσαρέσκεια να σας τρώει μέσα σας για το υπόλοιπο της ζωής σας.

Ο σύντροφός σας έχει επίσης ρόλο να διαδραματίσει στη διαδικασία συγχώρεσης που αναλαμβάνετε. Μέσα από τις πράξεις του/της απέναντί σας θα μπορέσετε να αποκαταστήσετε την εμπιστοσύνη σας στη σχέση ή όχι. Σύμφωνα με τον ^{Δρ} Christophe Fauré, ο σύντροφός σας μπορεί να σας βοηθήσει να αποκαταστήσετε τη χαμένη εμπιστοσύνη, αν είστε αξιόπιστος και σέβεστε τις δεσμεύσεις του, αν σας στηρίζει στις δύσκολες στιγμές, αν αποδέχεστε τη διαφάνεια, δείχνοντας τα e-mail και τα μηνύματά του, και αν απαντάτε σε ερωτήσεις σχετικά με το πρόγραμμά του ή τις συναντήσεις του.

Ένας αξιόπιστος σύντροφος είναι κάποιος που τηρεί τις υποσχέσεις του, που λέει "θα γυρίσω από τη δουλειά αυτή την ώρα" και το κάνει πραγματικά. Αυτές οι μικρές καθημερινές δεσμεύσεις θα ξαναχτίσουν τη σχέση, γιατί δείχνουν ότι ο/η σύντροφός σας είναι κάποιος/α που μπορείτε να εμπιστευτείτε (ξανά), ότι είστε ασφαλείς μαζί του/της, ότι κάνει τη σχέση σας να υπερισχύει.

Από την άλλη πλευρά, αν και είναι φυσικό να νιώθετε την ανάγκη, το να "κατασκοπεύετε" τον σύντροφό σας δεν πρόκειται να βοηθήσει στην αποκατάσταση της εμπιστοσύνης. Αν ο σύντροφός σας αισθάνεται ότι δεν τον/την εμπιστεύεστε, αυτό μπορεί να βλάψει και τη δική του/της ικανότητα να σας εμπιστεύεται. Αν αποφασίσετε να δώσετε στη σχέση σας μια δεύτερη ευκαιρία, πρέπει να το κάνετε με όλη σας την καρδιά και να απομακρυνθείτε από τα αντανακλαστικά δυσπιστίας που πιθανότατα θα σας έρθουν. Μην γίνεστε παρανοϊκοί.

Είναι επίσης σημαντικό να μην τρέφετε δυσαρέσκεια προς τον σύντροφό σας, να μην υποδαυλίζετε τη φλόγα του θυμού, καθώς αυτό είναι πολύ οδυνηρό και καταστροφικό και για τους δύο συντρόφους. Αυτή είναι η απελευθερωτική δύναμη της συγχώρεσης μακροπρόθεσμα. Φυσικά, δεν θα είναι εύκολο. Επομένως, μην ανησυχείτε αν τα συναισθήματά σας παραμένουν στην αρχή ανάμεικτα, πρέπει να προχωρήσετε σε αυτό το μονοπάτι με το δικό σας ρυθμό, λαμβάνοντας υπόψη την εξέλιξή σας.

Όπως θα έχετε καταλάβει, σε αυτό το στάδιο, το ουσιαστικό στοιχείο για την ανοικοδόμηση της εμπιστοσύνης είναι προφανώς η θέληση να ανοικοδομηθεί από κοινού. Ο δρόμος για την ανοικοδόμηση είναι μακρύς και επικίνδυνος και για να τον αντιμετωπίσετε, χρειάζεστε ακλόνητη θέληση, γιατί αναπόφευκτα θα φέρει περιόδους αποδιοργάνωσης, και στις δύο πλευρές του ζευγαριού. Αυτό σημαίνει ότι ως απατημένο άτομο, πρέπει να ξεπεράσετε τα οδυνηρά συγκρουόμενα συναισθήματα (μεταξύ μίσους και αγάπης, μεταξύ ελπίδας και απόγνωσης, μεταξύ της επιθυμίας για εκδίκηση και της επιθυμίας να προχωρήσετε) προκειμένου να προχωρήσετε μπροστά. Και ο μόνος τρόπος για να ξεπεράσετε τις ασάφειες είναι να παραμείνετε αποφασισμένοι στην πορεία.

Για τον απατημένο σύντροφο, όλα αυτά ισχύουν εξίσου, ακόμη και αν τα συγκρουόμενα συναισθήματα είναι διαφορετικής φύσης (μεταξύ ενοχής και ανάγκης συγχώρεσης, μεταξύ της απογοήτευσης για τη διακοπή της εξωσυζυγικής σχέσης και της επιθυμίας να ξαναρχίσει η σχέση, μεταξύ των αμφιβολιών του για το ζευγάρι και των νέων βεβαιοτήτων που θέλει να φέρει). Και οι δύο σύντροφοι πρέπει να θέλουν πραγματικά να ξεπεράσουν τις δυσκολίες και να εργαστούν μαζί, με τη θέλησή τους, για να ξαναχτίσουν τη σχέση τους.

 # ΠΩς ΜΠΟΡΟΥΜΕ ΝΑ ΣΥΝΕΡΓΑ-ΣΤΟΥΜΕ ΑΠΟΤΕΛΕΣΜΑΤΙΚΑ ΣΕ ΑΥΤΗ ΤΗ ΔΙΑΔΙΚΑΣΙΑ ΑΝΑΣΥ-ΓΚΡΟΤΗΣΗς;

Για το άτομο που έχει εξαπατηθεί :

- να αποδέχεται τη συγγνώμη ή/και τη μεταμέλεια του/της συντρόφου του/της, όταν αυτός/αυτή την προσφέρει (αυτό δεν σημαίνει συγχώρεση, αλλά ότι αποδέχεται ότι ο άλλος λυπάται),

- προσπαθήστε, στο μέτρο του δυνατού, να θέτετε ερωτήσεις σχετικά με την απιστία σε ένα ή δύο μεγάλα "μπουρλότα", χωρίς να επιστρέφετε στο θέμα επανειλημμένα στη συνέχεια,

- Δουλέψτε μέσα σας για να συγχωρήσετε τον σύντροφό σας, χωρίς να θέσετε προθεσμία, επιτρέποντας στην ψυχολογική διαδικασία της συγχώρεσης να λάβει χώρα,

- να εκφράζουν το θυμό τους με μη καταστροφικό τρόπο και, παρά τα δύσκολα συναισθήματα, να διασφαλίζουν τη διατήρηση μιας ειρηνικής ατμόσφαιρας,

- να αποφεύγετε να κάνετε τον σύντροφό σας να αισθάνεται ένοχος ή να τον κατηγορείτε για την απιστία σε τακτική βάση,

- να εργαστούν για να εντοπίσουν τι ενθάρρυνε την απιστία από άποψη συμπεριφοράς, από την άποψη της δυναμικής του ζευγαριού,

- δώστε στον άλλον μια ευκαιρία.

- Για το άτομο που εξαπάτησε :

- να διακόψει οριστικά τη σχέση με το τρίτο μέρος,

- να είναι υπομονετικός και να αποδέχεται ότι ο/η σύντροφός του/της δεν μπορεί να συγχωρήσει "γρήγορα",

- να απαντά στις ερωτήσεις του/της συντρόφου του/της σχετικά με την απιστία όταν τις θέτει,

- εργάζονται για να εντοπίσουν τι συνέβαλε στην απιστία – από άποψη συμπεριφοράς και δυναμικής του ζευγαριού -, μόνοι ή μαζί, σε ατομική θεραπεία ή θεραπεία ζεύγους,

- αποδέχεται εύλογους συμβιβασμούς που ζητά ο/η σύντροφός του/της,

- επίσης να ανακτήσετε την εκτίμησή τους μέσα από μικρές χειρονομίες και μικρές περιποιήσεις που θα τους δείξουν πόσο σημαντικοί είναι για εσάς.

Αν συνεχίσατε με τον σύντροφό σας, είναι επειδή στη σχέση σας υπήρχαν περισσότερα προς διάσωση παρά προς απόρριψη. Για να ξεκινήσετε ξανά μακροπρόθεσμα, θα πρέπει τώρα να καθιερώσετε αποτελεσματική επικοινωνία μεταξύ των εταίρων. Η μη βίαιη επικοινωνία είναι πάντα επιθυμητή, αλλά πρέπει επίσης να είστε σε θέση να μιλήσετε για τα συναισθήματα και τις ανάγκες σας. Αν έχετε προβλήματα, ακόμη και μικροπροβλήματα (π.χ. ξεχνάτε να κάνετε τις δουλειές του σπιτιού), συζητήστε τα με ηρεμία. Αν δεν μπορείτε να επικοινωνήσετε ανοιχτά για λεπτομέρειες, δεν θα είστε σε θέση να μιλήσετε για πιο σημαντικά πράγματα!

⊙ ΟΡΙΣΜΕΝΕΣ ΑΡΧΕΣ ΕΠΙΚΟΙΝΩΝΙΑΣ

Η επικοινωνία φαίνεται εκ πρώτης όψεως να είναι μια φυσική και εύκολη ενέργεια. Ωστόσο, αυτό δεν συμβαίνει και μεταξύ αυτού που θέλουμε να μεταδώσουμε, αυτού που μεταδίδουμε παρά τον εαυτό μας και αυτού που καταλαβαίνει ο άλλος, υπάρχει μερικές φορές ένα χάσμα. Ο [Dr] Christophe Fauré, στο βιβλίο του *Est-ce que tu m'aimes encore?* μας υπενθυμίζει ότι είναι προτιμότερο να ακολουθούμε τις ακόλουθες αρχές επικοινωνίας:

- Να έχετε κατά νου ότι ο άλλος δεν μπορεί να μαντέψει τα βαθιά συναισθήματα και τα συναισθήματά μας. Πρέπει να είμαστε σε θέση να τα εξηγήσουμε αυτά στο άλλο άτομο, ώστε να μπορεί να κατανοήσει την κατάστασή μας,

- όταν μιλάμε για τα προσωπικά μας συναισθήματα, να χρησιμοποιούμε το πρώτο πρόσωπο ενικού αριθμού ("εγώ"), καθώς η χρήση του "εσύ" μπορεί να προκαλέσει ένα επικριτικό αποτέλεσμα που δεν θα ήταν επιθυμητό,

- να επαναδιατυπώνετε αυτά που λέει ο άλλος σε μια προσπάθεια να καταλάβετε. Αν δεν καταλαβαίνουμε τι λέει ο άλλος, η επικοινωνία είναι αδύνατη.

Το σεξ είναι επίσης ένα καλό φάρμακο για την επανασύνδεση. Μπορεί να είναι απελευθέρωση, τρυφερότητα, και μπορεί πραγματικά να δημιουργήσει μια στιγμή στενής σύνδεσης. Αυτό δεν σημαίνει ότι πρέπει να αναγκάσετε τον εαυτό σας να κάνει σεξ- αλλά σεξ μπορεί επίσης να είναι το χάιδεμα ή το μασάζ, τα φιλιά στα γεννητικά όργανα, ο αισθησιασμός (στριπτίζ, εσώρουχα). Η σεξουαλική επανασύνδεση μεταξύ σας είναι μια διαδικασία ζωτικής σημασίας για τη βιωσιμότητα της σχέσης.

ΟΤΑΝ ΑΦΗΝΕΤΕ ΤΟΝ ΣΥΝΤΡΟΦΟ ΣΑΣ

Μια σπαρακτική απόφαση

Ο τερματισμός μιας συναισθηματικής σχέσης στην οποία έχετε επενδύσει πολλά είναι συχνά εξαιρετικά επώδυνος, μερικές φορές σε σημείο που εμποδίζει τον χωρισμό. Ωστόσο, να έχετε κατά νου ότι η αποχώρηση είναι η καταλληλότερη επιλογή:

- αν αισθάνεστε το βάρος της μοιχείας τόσο έντονα που δεν μπορείτε να το ξεπεράσετε και εμποδίζει κάθε μελλοντική προοπτική για το ζευγάρι,

- εάν ο σύντροφος δεν έχει εγκαταλείψει τη μοιχαλίδικη σχέση παρά το γεγονός ότι έχετε καταστήσει σαφές ότι αυτό δεν είναι αποδεκτό από εσάς,

- όταν ο/η σύντροφος δεν θέλει να τον/την δουλέψει. Πράγματι, η άρνηση να αναλογιστεί κανείς τι έχει συμβεί εμποδίζει όλη τη διαδικασία της ανοικοδόμησης της εμπιστοσύνης που μόλις συζητήσαμε.

> *"Δυστυχώς, έμεινα με [τον σύντροφό μου], η χειρότερη λύση. [...] Η εμπιστοσύνη καταστράφηκε από εκείνη τη στιγμή και μετά και αυτό είναι το είδος του πράγματος που δεν μπορείς να ξαναχτίσεις. Επίσης, με απάτησε πολλές ακόμη φορές πριν βρω τελικά τη δύναμη να τον*

εγκαταλείψω οριστικά και να διακόψω κάθε επαφή. (Erwan, 30 ετών)

Θα πρέπει να σημειωθεί ότι μερικές φορές η σχέση είναι καταδικασμένη να αποτύχει επειδή οι σύντροφοι δεν αγαπιούνται πλέον πραγματικά, δεν μοιράζονται πλέον αξίες ή στόχους και παραμελούν ο ένας τον άλλον. Τελικά, η μοιχεία ήταν απλώς μια συμπτωματική εκδήλωση μιας σχέσης που αργοπέθαινε.

"Αυτό που με βοήθησε να ανακάμψω από εκείνη την τοξική σχέση ήταν η δουλειά μου, στην αρχή, έκανα συνέχεια σχέδια, έπρεπε να αποφύγω να σκέφτομαι. Δεν είχα μια σοβαρή σχέση για τρία χρόνια, όχι επειδή ήθελα να περιμένω τρία χρόνια, αλλά επειδή έτρεχα μακριά από γυναίκες που με έλκυαν πραγματικά. Μόνο περιστασιακά έβλεπα έναν ερωτικό φίλο. Πήγα σε μερικές συνεδρίες με ψυχολόγο, αλλά ήμουν πολύ μπλοκαρισμένη για να μιλήσω γι' αυτό.

Στην πραγματικότητα, αυτό που με βοήθησε, είναι περίεργο, αλλά ήταν η συνάντηση της πρώην μου με τον καινούργιο της τύπο. Ντράπηκε τόσο πολύ όταν με είδε, τόσο πολύ, που τότε συνειδητοποίησα ότι πιθανότατα κοιμόταν ακόμα και ότι το αγόρι της πιθανότατα δεν ήξερε τι έκανε. [...] Και συνειδητοποίησα επίσης ότι εκείνη ήταν που είχε το πραγματικό πρόβλημα, όχι εγώ.

ΔΟΚΙΜΗ

Ερωτήσεις που πρέπει να κάνετε στον εαυτό σας όταν αποφασίζετε αν θα μείνετε ή όχι Όσο περισσότερα "ναι", τόσο καλύτερη η κατάσταση για την παραμονή.

Ο σύντροφός μου έχει αποκηρύξει τη μοιχεία σχέση του/της;

Νομίζω ότι μπορώ να εμπιστευτώ ξανά τον σύντροφό μου;

Αρχίζω πραγματικά να τον εμπιστεύομαι ξανά;

Έχω αφήσει πίσω μου τη μοιχεία;

Έχω συγχωρήσει τον σύντροφό μου;

Μου έδειξε ο/η σύντροφός μου, με τις πράξεις του/της, ότι νοιαζόταν για μένα και ότι ήθελε πραγματικά να ξαναχτίσει μια σχέση μαζί μου;

Βλέπω μέλλον με τον σύντροφό μου;

Επένδυση σε μια νέα σχέση

Σας συμβουλεύουμε να μην υποκύψετε στον πρώτο χτύπο της καρδιάς για κάποιον άλλο, να αφήσετε το πένθος της σχέσης σας να λάβει χώρα στον δικό του χρόνο.

Αλλά πώς ξέρετε αν το πένθος μιας σχέσης έχει τελειώσει; Μπορείτε να θεωρήσετε ότι έχετε συνέλθει από τη δοκιμασία όταν η επίκληση ευτυχισμένων αναμνήσεων δεν σας προκαλεί πλέον πόνο, όταν δεν έχετε πλέον την παραμικρή ελπίδα να ξεκινήσετε ξανά με το άλλο πρόσωπο και όταν δεν συγκρίνετε όλες τις λεπτομέρειες μιας νέας σχέσης με την παλιά. Δεν είναι εύκολο έργο! Και ας μην ξεχνάμε ότι η περίοδος πένθους (ή λανθάνουσας κατάστασης) μεταξύ δύο σχέσεων είναι ζωτικής σημασίας: πρόκειται για την επαναπροσέγγιση του εαυτού σας, την κατανόηση όλων όσων πήγαν στραβά στη δυναμική της σχέσης, προκειμένου να αποφύγετε να κάνετε τα ίδια λάθη αργότερα.

Ο λόγος που αυτό το θέμα του πένθους για την προηγούμενη σχέση είναι τόσο σημαντικό είναι για να μπορέσετε να έχετε μια σχέση εμπιστοσύνης με ένα νέο άτομο, που αξίζει να αγαπηθεί για τον εαυτό του και όχι ως "μεταβατικό στάδιο" από την παλιά σχέση. Από την άλλη πλευρά, αξίζετε κι εσείς να απολαύσετε αυτή τη νέα σχέση χωρίς να σας στοιχειώνει το φάντασμα της παλιάς.

> *"Όταν ανακάλυψα την απιστία του πρώην συζύγου μου, ο κόσμος μου κατέρρευσε. [...] Ίσως ήμουν πολύ παρορμητική, του ζήτησα να φύγει την ίδια μέρα και να μου δώσει ένα μήνα για να φύγω από το σπίτι, χρόνο για να βρω διαμέρισμα [...]. Αρνήθηκα να μιλήσω. Δεν ήθελα να*

ακούω τις δικαιολογίες του, να βλέπω την άλλη γυναίκα – ακόμη και δύο χρόνια μετά, προσπαθώ να μην την βλέπω όταν πηγαίνω να πάρω τον γιο μας από το σπίτι του.

Δεν μετανιώνω για το διαζύγιο, ήταν πραγματικά πολύ δύσκολο, αλλά ήταν για το καλύτερο. Απλά λυπάμαι για τον τρόπο που έγινε ο χωρισμός, ο γιος μου δεν κατάλαβε την κατάσταση επειδή η αντίδρασή μου ήταν συναισθηματική.
(Μ. , 32 ετών)

ΔΗΜΙΟΥΡΓΙΑ ΧΩΡΟΥ ΓΙΑ ΣΥΖΗΤΗΣΗ

Η απιστία είναι μια πραγματική καταιγίδα που σαρώνει τα πάντα στο πέρασμά της: την αυτοπεποίθηση, την εμπιστοσύνη στον άλλον, τις βεβαιότητες για το ζευγάρι, το όραμα για το μέλλον. Αφήνει ένα χάος που πρέπει να αναδιοργανωθεί σε κάτι βιώσιμο.

Υποστήριξη από την οικογένεια και τους φίλους

Όταν βρισκόμαστε σε ευαίσθητες καταστάσεις (στο πλαίσιο μιας απιστίας, η οποία κλονίζει τις βεβαιότητες που είχαμε για τη σχέση μας, για το μέλλον), έχουμε την τάση να απευθυνόμαστε σε έμπιστους ανθρώπους, όπως η οικογένεια και οι φίλοι μας, για να μιλήσουμε για τα προβλήματά μας. Αυτό είναι απολύτως φυσικό και είναι προφανές ότι πρόκειται για ένα πολύ σημαντικό στήριγμα σε δύσκολους καιρούς.

Παρόλα αυτά, αν καταφέρουν να μας ανακουφίσουν ακούγοντας και όντας διαθέσιμοι, μπορεί να συμβεί να επηρεάσουν και την αντίληψή μας για τα πράγματα, και όχι πάντα με εποικοδομητικό τρόπο. Αυτό συμβαίνει όταν, όντας πολύ συναισθηματικά εμπλεκόμενοι μαζί μας, μπορούν να κρίνουν καταστάσεις και να ενθαρρύνουν ενέργειες, οδηγώντας μας σε λύσεις μεροληπτικές από την υποκειμενική τους αντίληψη για την κατάσταση. Σε πολύ συναισθηματικά μπερδεμένες στιγμές, μπορεί ακόμη και, συχνά άθελά μας, να μας οδηγήσουν σε κατευθύνσεις που δεν είναι κατάλληλες για εμάς και για τις οποίες μπορεί αργότερα να μετανιώσουμε.

Επιπλέον, το να τους μιλήσετε για τα επακόλουθα της απιστίας μπορεί να έχει σοβαρές μακροπρόθεσμες συνέπειες: αν παραμείνετε με τον σύντροφό σας, οι φίλοι ή η οικογένειά σας δεν θα έχουν ξεχάσει τις μερικές φορές θυμωμένες και υπερβολικές εξομολογήσεις σας. Ως εκ τούτου, προσεγγίστε τις συζητήσεις με την οικογένεια και τους φίλους με μεγάλη προσοχή, ώστε να μην μετανιώσετε για τίποτα αργότερα. Σε γενικές γραμμές, μιλήστε μόνο με λίγους ανθρώπους που εμπιστεύεστε απόλυτα και οι οποίοι δεν έχουν την τάση να είναι επικριτικοί.

Η θεραπεία

Το μεγάλο ερώτημα είναι προφανώς αυτό της θεραπείας – ατομικής ή θεραπείας ζεύγους. Παρόλο που δεν είναι απαραίτητο εργαλείο για όλους – ίσως δεν το χρειάζονται όλοι – να γνωρίζετε ότι αυτή η προσέγγιση θα σας επιτρέψει να έχετε ένα χώρο να μιλήσετε και να εκφραστείτε, χωρίς καμία κριτική.

Ο θεραπευτής δεν είναι εκεί για να σας πει τι να κάνετε- είναι εκεί για να σας ακούσει και να σας βοηθήσει να επεξεργαστείτε την αντίληψή σας για τα πράγματα. Το μεγάλο πλεονέκτημα ενός τέτοιου χώρου είναι ότι σας επιτρέπει να δουλέψετε πάνω στις δυσλειτουργικές συμπεριφορές που διαταράσσουν τη δυναμική του ζευγαριού. Ο θεραπευτής θα σας βοηθήσει να εντοπίσετε τα προβληματικά μοτίβα – συχνά επαναλαμβανόμενα και, φυσικά, ασυνείδητα – που οδήγησαν στην κατάσταση που οδήγησε στη μοιχεία.

Στόχος είναι να δουλέψετε πάνω στις συμπεριφορές σας, στις αντιλήψεις σας, ατομικά ή/και ως ζευγάρι, ώστε να επικοινωνείτε με πιο αρμονικό τρόπο – είτε γενικά είτε πιο συγκεκριμένα όσον αφορά τις ανάγκες, τις επιθυμίες, τη διαχείριση των συγκρούσεων κ.λπ. Για παράδειγμα, στη θεραπεία ζεύγους, κάθε σύντροφος καλείται μερικές φορές να παίξει τη θέση του άλλου, προκειμένου να κατανοήσει την άποψή του σε "πρακτικές" καταστάσεις της καθημερινής ζωής.

Μια θεραπευτική διαδικασία θα σας επιτρέψει να επεξεργαστείτε τα συναισθήματα και τις αντιλήψεις σας. Όταν ο πόνος σας συνεχίζει να είναι πολύ έντονος, αυτή μπορεί να είναι η καλύτερη βοήθεια που μπορείτε να προσφέρετε στον εαυτό σας. Να γνωρίζετε, ωστόσο, ότι η πλήρης ανάρρωση από την απιστία είναι μια μακρά διαδικασία και απαιτεί χρόνο, ακόμη και με τη βοήθεια της θεραπείας.

ΣΥΧΝΕΣ ΕΡΩΤΗΣΕΙΣ

ΕΓΩ ΦΤΑΙΩ ΠΟΥ Ο ΣΥΝΤΡΟΦΟΣ ΜΟΥ ΗΤΑΝ ΑΠΙΣΤΟΣ;

Όχι, δεν φταις εσύ. Παρόλο που η απιστία έχει συχνά τις ρίζες της σε μια αισθητή έλλειψη της σχέσης, αυτό δεν σημαίνει ότι είστε ένοχοι. Εκτός από τον εθισμό στο σεξ, που είναι μια πολύ ειδική περίπτωση, ο σύντροφός σας σας απάτησε επειδή προσπάθησε να καλύψει το κενό, αντί να επικοινωνήσει μαζί σας για το πρόβλημα. Συχνά, η δυσφορία της σχέσης είναι ασυνείδητη και η πράξη της μοιχείας λειτουργεί ως ένδειξη αυτής της δυσφορίας.

ΠΡΕΠΕΙ ΝΑ ΖΗΤΗΣΩ ΑΠΟ ΤΟΝ ΣΥΝΤΡΟΦΟ ΜΟΥ ΝΑ ΜΟΥ ΠΕΙ ΑΜΕΣΩΣ ΤΙΣ ΣΥΝΘΗΚΕΣ ΤΗΣ ΑΠΙΣΤΙΑΣ;

Εξαρτάται αποκλειστικά από την προσωπικότητά σας, την ευαισθησία σας. Σε γενικές γραμμές, είναι προτιμότερο να γνωρίζετε αρχικά τις γενικές γραμμές της ιστορίας. Μόλις περάσει η συναισθηματική καταιγίδα και τα πράγματα ηρεμή-σουν και είστε έτοιμοι να επικοινωνήσετε με το σύντροφό σας, ρωτήστε τον/την τι θέλετε να μάθετε. Έχετε όμως κατά νου ότι η γνώση όλων των λεπτομερειών μπορεί να είναι απο-λύτως καταστροφική για ορισμένους ανθρώπους (π.χ. όταν οδηγεί σε μια ανθυγιεινή σύγκριση της προσωπικής σας εικό-νας), ενώ για άλλους καθαρίζει το μυαλό τους από όλα τα θέματα που αναμασούν (και μπορούν πιο εύκολα να προχωρήσουν στη συνέχεια).

Πιστεύετε ότι μπορείτε να αντέξετε αυτό που θα ακούσετε; Αναρωτηθείτε γιατί θέλετε να μάθετε. Έχετε υπόψη σας ότι σε κάθε περίπτωση είναι προτιμότερο να προγραμματίσετε ένα εφάπαξ ξεσκέπασμα όπου θα τιθασεύσετε τα συναισθήματά σας στο μέγιστο και θα κάνετε όλες τις ερωτήσεις που θέλετε να κάνετε, παρά να επανέρχεστε επανειλημμένα ζητώντας όλο και περισσότερες λεπτομέρειες. Το τελευταίο μπορεί να είναι μόνο οδυνηρό και για τους δυο σας. Για εσάς, γιατί θα είναι σαν να γυρνάτε το μαχαίρι στην πληγή, και για τον σύντροφό σας, γιατί μπορεί να γίνει δύσκολο να ζήσει μαζί του όσον αφορά τις ενοχές του, αλλά και για το πένθος της μοιχειακής του σχέσης.

Τι γίνεται αν ο σύντροφός σας αρνείται να σας απαντήσει; Εάν ο σύντροφός σας είναι συναισθηματικός και δεν μπορεί να μιλήσει επειδή είναι μπερδεμένος/η, θα πρέπει να κάνετε υπομονή. Ζητήστε του/της να σας απαντήσει τις επόμενες ημέρες, δώστε του/της χρόνο να οργανώσει τις σκέψεις του/της, να σκεφτεί πώς θα σας παρουσιάσει τα πράγματα. Από την παρόρμηση της στιγμής, κάποιος μπορεί να περιγράψει τα συναισθήματά του με εντελώς μη ρεαλιστικό τρόπο.

Ο ΣΥΝΤΡΟΦΟΣ ΜΟΥ ΔΕΝ ΕΧΕΙ ΠΡΟΒΛΗΜΑ ΣΕΞΟΥΑΛΙΚΟΥ ΕΘΙΣΜΟΥ;

Εάν ο σύντροφός σας δείχνει την ανάγκη να κάνει σεξ, να αυνανίζεται ή να παρακολουθεί πορνογραφικά βίντεο καταναγκαστικά κάθε μέρα, πιθανόν να πάσχει από σεξουαλικό εθισμό. Δεν μπορείτε να κάνετε τίποτα γι' αυτό, εκτός από το να τον/την ενθαρρύνετε να ζητήσει βοήθεια από έναν θεραπευτή.

Τούτου λεχθέντος, ο σύντροφός σας πρέπει να θέλει πραγματικά να κάνει κάτι για το πρόβλημά του/της για να είναι αποτελεσματική η θεραπεία- όπως ο αλκοολισμός, έτσι και ο σεξουαλικός εθισμός είναι δύσκολο να αντιμετωπιστεί. Θα πρέπει επίσης να γνωρίζετε ότι ο/η σύντροφός σας έχει συνεχείς σεξουαλικές ανάγκες και αν συμφωνήσετε να μείνετε μαζί του/της, θα πρέπει να περιμένετε υποτροπές, δηλαδή ότι ο/η σύντροφός σας θα σας απατήσει ξανά (και αυτό προφανώς δεν θα οφείλεται σε δικό σας λάθος).

ΤΙ ΜΠΟΡΩ ΕΓΩ ΚΑΙ Ο ΑΠΙΣΤΟΣ ΣΥΝΤΡΟΦΟΣ ΜΟΥ ΝΑ ΚΑΝΟΥΜΕ ΣΥΓΚΕΚΡΙΜΕΝΑ ΓΙΑ ΝΑ ΞΑΝΑΧΤΙΣΟΥΜΕ ΤΗ ΣΧΕΣΗ ΜΑΣ;

Από την πλευρά του συντρόφου σας, είναι θέμα εγκατάλειψης της τρίτης σχέσης. Επιθυμητή είναι μια καθαρή ρήξη με το άλλο άτομο. Όσο πιο γρήγορα γίνει αυτό, τόσο πιο γρήγορα θα μπορέσετε να ασχοληθείτε με την ανοικοδόμηση της σχέσης σας. Ο σύντροφός σας θα πρέπει επίσης να ανακτήσει την εμπιστοσύνη σας με το να είναι αξιόπιστος απέναντί σας και με το να αποδεικνύει με μικρές (ή και μεγάλες!) χειρονομίες την προσήλωσή του.

Από την πλευρά σας, πρέπει να αφεθείτε: θα πάρει όσο χρόνο χρειαστεί, αλλά μέχρι να μπορέσετε (να προσπαθήσετε) να προχωρήσετε εντελώς, η ανασυγκρότηση θα είναι δύσκολη.

ΕΙΜΑΙ ΤΟΣΟ ΘΥΜΩΜΕΝΗ ΜΕ ΤΗΝ ΑΠΙΣΤΙΑ ΤΟΥ ΣΥΝΤΡΟΦΟΥ ΜΟΥ ΠΟΥ ΘΕΛΩ ΝΑ ΕΧΩ ΠΡΟΣΒΑΣΗ ΣΤΟ ΚΙΝΗΤΟ ΤΟΥ ΤΗΛΕΦΩΝΟ, ΣΤΑ ΜΗΝΥΜΑΤΑ ΗΛΕΚΤΡΟΝΙΚΟΥ ΤΑΧΥΔΡΟΜΕΙΟΥ ΚΑΙ ΣΤΟΥΣ ΙΣΤΟΤΟΠΟΥΣ ΚΟΙΝΩΝΙΚΗΣ ΔΙΚΤΥΩΣΗΣ, ΕΙΝΑΙ ΑΥΤΟ ΛΟΓΙΚΟ;

Ένα ζευγάρι δεν μπορεί να ξαναχτιστεί χωρίς αμοιβαία εμπιστοσύνη. Σας συμβουλεύουμε να δώσετε στον σύντροφό σας λίγη ιδιωτικότητα, έναν μυστικό κήπο, παρά τη μοιχεία. Θα νιώσει συγχώρεση και εμπιστοσύνη σε εσάς ξανά: μια καλή βάση για την επανεκκίνηση της σχέσης σας!

Ωστόσο, αν ο σύντροφός σας κρύβει το κινητό του/της, διαγράφει συχνά το ιστορικό του υπολογιστή του/της ή συμπεριφέρεται μυστηριωδώς όσον αφορά αυτά τα τεχνολογικά μέσα, ζητήστε του/της να σας εξηγήσει τον λόγο και μη διστάσετε να τον/την αντιμετωπίσετε για να διαπιστώσετε αν σας απατά.

ΠΩΣ ΞΕΡΩ ΑΝ ΠΡΕΠΕΙ ΝΑ ΑΦΗΣΩ ΤΟΝ ΣΥΝΤΡΟΦΟ ΜΟΥ Η ΝΑ ΜΕΙΝΩ ΜΑΖΙ ΤΟΥ/ΤΗΣ;

Αυτό το ερώτημα θα εμφανιστεί αργότερα στο συναισθηματικό σας ταξίδι. Οι ειδικοί συμβουλεύουν να περιμένετε τουλάχιστον έξι μήνες πριν πάρετε μια σημαντική απόφαση, για να αποφύγετε καταστάσεις που μπορεί να μετανιώσετε. Το νόημα του να περιμένετε και να δουλέψετε με τον εαυτό σας είναι να είστε σε θέση να εντοπίσετε τους δυσλειτουργικούς μηχανισμούς που οδήγησαν σε μια κατάσταση που ενθάρρυνε την απιστία – και ακόμη και αν εγκαταλείψετε τον σύντροφό σας αργότερα, τουλάχιστον θα έχετε μάθει κάτι για τη λειτουργία σας και τη δυναμική της σχέσης σας.

ΠΡΕΠΕΙ ΝΑ ΜΙΛΑΜΕ ΓΙ' ΑΥΤΟ ΜΕ ΤΑ ΠΑΙΔΙΑ ΚΑΙ ΠΩΣ;

Όχι, δεν χρειάζεται να πείτε στα παιδιά σας για την απιστία. Φυσικά, θα καταλάβουν ότι έχει συμβεί κάτι σημαντικό και σοβαρό, αλλά δεν χρειάζεται απαραίτητα να γνωρίζουν τα μυστικά της διαφοράς ή του χωρισμού. Σας συμβουλεύουμε να μην τους το πείτε, αλλά να απαντήσετε σε τυχόν ερωτήσεις που μπορεί να έχουν. Φυσικά, είναι προτιμότερο να έχετε συμφωνήσει με τον σύντροφό σας τι μπορεί και τι δεν μπορεί να ειπωθεί και με ποιον τρόπο.

Αυτό μπορεί να φαίνεται σαν μια ακραία στάση για το θέμα, αλλά είναι σημαντικό να προστατεύσετε τα παιδιά σας συναισθηματικά. Για παράδειγμα, οι έντονες συζητήσεις μεταξύ των συντρόφων είναι καλύτερο να γίνονται όταν τα παιδιά δεν είναι παρόντα και δεν πρέπει ποτέ να εμπλέκονται σε διαφωνίες και δυσαρέσκεια. Τα παιδιά σας δεν είναι το ζευγάρι σας και δεν πρέπει να γνωρίζουν για τη ζωή σας ως ζευγάρι παρά μόνο από οικογενειακή άποψη.

ΓΙΑ ΝΑ ΠΡΟΧΩΡΗΣΕΤΕ ΠΕΡΑΙΤΕΡΩ

ΒΙΒΛΙΟΓΡΑΦΙΚΕΣ ΠΗΓΕΣ

BAHR (Anna), "Infidelity Linked to 'Sexual Personality': University of Guelph Study", στο *huffingtonpost.com*, 8 Μαρτίου 2011, πρόσβαση στις 14 Απριλίου 2017. http://www.huffingtonpost.com/2011/08/03/sexual-infidelity-dependent-on-personality_n_913800.html.

BOUTON (Eloïse), "Can polyamory really work?", στο *lesinrocks.com*, 11 Φεβρουαρίου 2017, πρόσβαση στις 10 Απριλίου 2017. http://www.lesinrocks.com/2017/02/11/actualite/polyamour-vraiment-marcher-11912074/

BREINES (Juliana), "How Likely Is Your Partner to Cheat?", στο *psychologytoday.com*, 30 Μαρτίου 2014, πρόσβαση στις 4 Απριλίου 2017. https://www.psychologytoday.com/blog/in-love-and-war/201403/how-likely-is-your-partner-cheat.

BRYNER (Jeanna), "Surviving Infidelity: What Wives Do When Men Cheat", στο *livescience.com*, 13 Μαρτίου 2008, πρόσβαση στις 4 Απριλίου 2017. http://www.livescience.com/4859-surviving-infidelity-wives-men-cheat.html.

CAMPBELL (Debra), "Can Your Relationship Survive Infidelity?", στο *huffingtonpost.com*, 20 Δεκεμβρίου 2016, πρόσβαση στις 4 Απριλίου 2017. http://www.huffingtonpost.com/debra-campbelltunks/can-your-relationship-sur_1_b_13734046.html.

FAURÉ (Christian), *Est-ce que tu m'aimes encore?* , Παρίσι, Albin Michel, 2013.

GOLDEN (Beverley), "Is Monogamy Natural for Humans?", στο *huffingtonpost.com*, [1] Ιουνίου 2011, πρόσβαση στις 12 Απριλίου 2017. http://www.huffingtonpost.com/beverley-golden/is-monogamy-natural_b_867760.html.

NELSON (Tammy), "Can I Get Over An Affair? Οι τρεις φάσεις της ανάκαμψης", στο *huffingtonpost.com*, 23 Μαρτίου 2013, πρόσβαση στις 4 Απριλίου 2017. http://www.huffingtonpost.com/tammy-nelson-phd/can-i-get-over-an-affair-_b_2911106.html.

PARKER-POPEOCT (Tara), "Love, Sex and the Changing Landscape of Infidelity", στο *nytimes.com*, 28 Οκτωβρίου 2008, πρόσβαση στις 12 Απριλίου 2017. http://www.nytimes.com/2008/10/28/health/28iht-28well.17304096.html.

WEINER-DAVIS (Michele), "10 Things You Must Know About Infidelity and Cheating", *huffingtonpost.com*, 12 Μαΐου 2015, πρόσβαση στις 4 Απριλίου 2017. http://www.huffingtonpost.com/michele-weinerdavis/10-things-you-must-know-a_b_7247708.html.

WEISS (Robert), "Dealing With Your Partner's Infidelity? 6 Do's and Don'ts", στο *psychologytoday.com*, 9 Ιουλίου 2014, πρόσβαση στις 4 Απριλίου 2017. https://www.psychologytoday.com/blog/love-and-sex-in-the-digital-age/201407/dealing-your-partners-infidelity-6-dos-and-donts.

WONG (Brittany), "If You've Just Been Cheated On, Here's What To Do Next," στο *huffingtonpost.com*, 8 Μαρτίου 2016, πρόσβαση στις 4 Απριλίου 2017. http://www.huffingtonpost.com/entry/what-to-do-after-being-cheated-on_us_56df2e3ee4b0ffe6f8eb281c.

WONG (Brittany), "Μόλις ανακάλυψα ότι με απάτησαν. Now What Do I Do?", στο *huffingtonpost.com*, 10 Σεπτεμβρίου 2015, πρόσβαση στις 4 Απριλίου 2017. http://www.

huffingtonpost.com/entry/i-just-discovered-i-was-cheated-on-now-what-do-i-do_us_55f09e33e4b093be51bd6a2d

ZIMMER (Carl), "Monogamy and Human Evolution", στο *nytimes.com*, 2 Αυγούστου 2013, πρόσβαση στις 14 Απριλίου 2017. http://www.nytimes.com/2013/08/02/science/monogamys-boost-to-human-evolution.html.

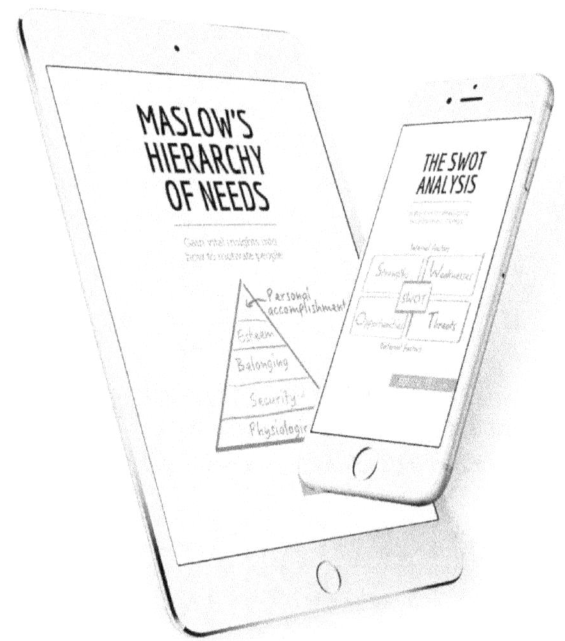

MASLOW'S
HIERARCHY
OF NEEDS

Personal accomplishment
Esteem
Belonging
Security
Physiologic

THE SWOT
ANALYSIS

Κύριο ISBN: 9782808664301
ISBN: 9782808671729
Νόμιμη κατάθεση: D/2023/12603/494

Ψηφιακός σχεδιασμός: Primento,
ο ψηφιακός συνεργάτης των εκδοτών.

9 782808 671729